"Estuve enfermo y me visitasteis; en la cárcel y vinisteis a mí."
— Mateo 25:36

Dedicatoria

Dedico este manual, en primer lugar, a nuestro Señor y Salvador Jesucristo, el Buen Pastor que nos llama a servir con amor y compasión a toda persona en necesidad.

De manera especial, esta obra está dedicada a las **iglesias que ya cuentan con ministerios de capellanía,** pero que anhelan una mayor preparación, fortalecimiento y recursos para hacer su labor más efectiva y fructífera en el Reino de Dios. Que este manual sea un instrumento que aporte claridad, formación y dirección pastoral.

Asimismo, dedico estas páginas a las **iglesias que aún no han desarrollado un ministerio de capellanía,** pero sienten en su corazón el deseo de iniciarlo sin saber por dónde empezar. Que este manual sirva como guía práctica y espiritual para organizar, capacitar y enviar obreros fieles al campo del servicio cristiano, donde la presencia del capellán es una luz en medio de la necesidad.

Que este trabajo sea un puente entre la fe y la acción, entre el altar y la comunidad, y que impulse a cada iglesia a formar capellanes comprometidos con la misión de acompañar, consolar y anunciar la esperanza viva que tenemos en Cristo Jesús.

Agradecimientos

En primer lugar, doy gracias a **Dios Todopoderoso**, fuente de toda sabiduría, amor y consuelo, por haber puesto en mi corazón la visión de escribir este manual. Sin Su guía y fortaleza, este trabajo no hubiera sido posible.

Agradezco a mi **familia**, cuyo apoyo incondicional, paciencia y oraciones han sido un sostén constante en el desarrollo de este proyecto.

Extiendo mi gratitud a los **hermanos y hermanas en Cristo**, pastores, líderes y capellanes, que a lo largo de los años han compartido experiencias, testimonios y enseñanzas prácticas que enriquecieron la elaboración de este manual.

A las **instituciones de servicio** —hospitales, cárceles, escuelas, cuerpos de seguridad, centros de rehabilitación, asilos y comunidades de fe— donde la labor de la capellanía cristiana ha encontrado espacios de siembra y cosecha. Cada uno de ustedes ha sido inspiración para plasmar ejemplos y recursos que aquí se incluyen.

Finalmente, agradezco a todos los **capellanes cristianos** que, con humildad y entrega, viven el llamado de Cristo de ser luz en medio de las tinieblas y portadores de esperanza en medio del sufrimiento. Este manual les pertenece tanto como a mí, pues refleja el compromiso de todos los que sirven en este noble ministerio.

Rev. Frank Archbold ThD

Prólogo

Cuando el Señor puso en mi corazón escribir este Manual Cristiano de Capellanía, entendí que no era solo un proyecto literario, sino una respuesta al llamado del Espíritu Santo. Este libro nace del deseo de equipar y fortalecer a hombres y mujeres que, movidos por la compasión de Cristo, sirven en los lugares donde más se necesita esperanza.

La capellanía ha sido, desde los inicios de la Iglesia, un ministerio de presencia, consuelo y fe en medio del dolor humano. Hoy, en un mundo lleno de crisis e incertidumbre, el papel del capellán es más necesario que nunca.

Este manual no es un tratado teórico, sino una guía práctica. Aquí encontrarás fundamentos bíblicos, herramientas ministeriales y principios que te ayudarán a acompañar, consolar y guiar a otros en diferentes contextos de servicio.

Mi oración es que cada lector comprenda que la verdadera esencia de la capellanía no está en los recursos humanos, sino en la presencia viva de Cristo obrando a través de nosotros.

Dedico este trabajo a todos los que han respondido al llamado de servir. Que este manual sea instrumento de formación, inspiración y crecimiento espiritual.

"Fiel es el que os llama, el cual también lo hará." — 1 Tesalonicenses 5:24

Rev. Frank S. Archbold

ÍNDICE – MANUAL CRISTIANO DE CAPELLANÍA

Parte III. Herramientas del Capellán Cristiano

19. Código de ética cristiano del capellán
20. Guías rápidas de intervención en crisis
21. Textos bíblicos clave por situación
22. Requisitos para ser un Capellan
23. Principios que Guian al Capellan Cristiano
24. Certificacion y Credenciales de Capellanes
25. Red de contactos institucionales
26. Autocuidado espiritual del capellán

Parte IV. Recursos Finales

27. Examen General
28. Desarrollo del Examen General
29. Epilogo
30. Bibliografía
31. Certificado de capellán cristiano

Parte I
Fundamentos

Capítulo 1
Introducción a la Capellanía Cristiana

1.1 Definición

La **capellanía cristiana** es el ministerio pastoral de llevar la **presencia de Cristo** a personas en contextos de sufrimiento, necesidad o vulnerabilidad. El capellán no se limita a un púlpito ni a los muros de un templo; su campo de acción es **el hospital, la cárcel, la escuela, el cuartel, la empresa etc**.

En esencia, el capellán es un **mensajero de esperanza** que ofrece oración, consejería, acompañamiento espiritual y consuelo bíblico. Su labor está enraizada en el amor de Dios y guiada por el Espíritu Santo.

1.2 Fundamento bíblico

La Biblia es clara en cuanto al llamado de servir en capellanía:

- *"Estuve enfermo y me visitasteis; en la cárcel y vinisteis a mí"* (Mateo 25:36).
- *"La mies a la verdad es mucha, mas los obreros pocos"* (Mateo 9:37).
- *"Dejad a los niños venir a mí"* (Marcos 10:14).
- *"Llora con los que lloran"* (Romanos 12:15).

Estos versículos muestran que el capellán es un **siervo en misión**, obediente al mandato de Jesús de **ir más allá de las fronteras de la iglesia local** para alcanzar a las personas en su necesidad.

1.3 Importancia de la Capellanía Cristiana

En un mundo donde abundan la enfermedad, el dolor y la soledad, el capellán cumple un papel crucial:

- En los **hospitales**, acompaña al paciente que enfrenta miedo y al familiar que espera con ansiedad.
- En las **cárceles**, ofrece perdón y esperanza a quienes sienten que no hay salida.
- En las **escuelas**, escucha al estudiante confundido o desanimado.
- En las **empresas**, ora por los trabajadores y aconseja a los líderes.
- En los **asilos**, recuerda a los ancianos que no están olvidados por Dios.

La capellanía cristiana es, por lo tanto, un **testimonio vivo del amor de Cristo** en cada rincón de la sociedad.

1.4 Características del ministerio del capellán cristiano

1. **Cristocéntrico**: el mensaje siempre apunta a Jesucristo como Salvador.
2. **Pastoral**: busca acompañar y cuidar integralmente a las personas.
3. **Misionero**: entra en lugares donde no siempre llega la iglesia organizada.
4. **Práctico**: combina escucha, oración, palabra bíblica y acción solidaria.
5. **Intercesor**: ora y presenta a Dios las cargas de las personas y las instituciones.

1.5 Ilustración práctica

Un capellán fue llamado a un hospital donde un joven había sufrido un accidente de tránsito. La familia estaba en shock, sin palabras, esperando noticias.

El capellán no predicó un sermón, simplemente se sentó junto a ellos, tomó sus manos y oró: *"Señor, trae paz a este corazón angustiado y muestra tu misericordia en este momento de dolor"*. Más tarde, la madre del joven dijo: "No recuerdo sus palabras, pero sentí que **Dios estaba con nosotros en esa sala de espera"**.

Este ejemplo refleja que la función del capellán no siempre es hablar mucho, sino **hacer presente a Cristo en el silencio, la oración y la compañía**.

1.6 Testimonio real

Un capellán que trabajaba en una cárcel relató que un interno, tras meses de conversaciones y oración, le confesó: *"Nunca pensé que Dios aún me recordaba, pero usted me hizo sentir que su amor me alcanzaba incluso aquí"*. Ese testimonio confirma que el capellán es un **puente entre la gracia de Dios y el corazón herido del ser humano**.

1.7 Conclusión

El ministerio de la capellanía cristiana es un **llamado divino** a ser luz en medio de la oscuridad. Es una extensión de la iglesia que se hace presente donde la necesidad humana es más evidente.
El capellán no reemplaza al pastor, sino que lo complementa, llevando la iglesia a donde se encuentran los enfermos, los presos, los estudiantes, los trabajadores y los olvidados.

Oración final del capítulo

"Señor Jesús, Buen Pastor, gracias por llamarnos a servir en tu nombre. Danos un corazón sensible para acompañar a los que sufren, sabiduría para hablar tu Palabra con amor y valentía para entrar en los lugares donde otros no quieren ir. Que en cada visita, oración y palabra, tu presencia sea evidente y tu nombre glorificado. Amén."

Notas

Capítulo 2
Propósito del Manual

2.1 Propósito general

El propósito de este manual es **formar, capacitar y guiar** a hombres y mujeres llamados por Dios al ministerio de la capellanía cristiana. Busca proveer un recurso integral que una los **fundamentos bíblicos**, la **teología pastoral**, la **ética cristiana** y las **herramientas prácticas** necesarias para servir de manera fiel, responsable y efectiva en diferentes contextos.

Este manual no es un simple compendio de teorías, sino una **guía viva** que acompaña al capellán en su caminar diario.

2.2 Propósitos específicos

1. **Definir la identidad del capellán cristiano**: entender su rol, misión y naturaleza pastoral.
2. **Proveer fundamentos bíblicos sólidos**: mostrar que la capellanía nace del mismo corazón de Cristo.
3. **Equipar al capellán para contextos diversos**: hospitales, cárceles, escuelas, empresas, cuerpos de seguridad, migrantes, asilos, etc.
4. **Enseñar principios éticos y espirituales** que deben guiar la labor del capellán en cada situación.
5. **Ofrecer recursos prácticos**: oraciones, textos bíblicos, guías rápidas de intervención y cuestionarios para la formación.
6. **Inspirar una visión misionera**: recordar que el capellán es un enviado de Cristo a las fronteras del sufrimiento humano.

2.3 Alcance del manual

Este manual está diseñado para:

- **Capellanes en formación**: que inician su servicio y buscan bases sólidas.
- **Capellanes en ejercicio**: que desean ampliar sus herramientas de ministerio.
- **Pastores y líderes cristianos**: que acompañan comunidades y quieren extender su servicio más allá de la iglesia local.
- **Instituciones cristianas y seminarios**: que desean usarlo como material de capacitación.

2.4 Ejemplo práctico

Un estudiante de teología que siente el llamado al ministerio puede usar este manual como **guía de formación inicial**. Un capellán con años de experiencia puede usarlo como **material de actualización y reflexión**. Una iglesia que desea abrir un ministerio de capellanía puede usarlo como **manual de capacitación para sus voluntarios**.

Así, el alcance de este recurso no se limita a un sector, sino que puede ser usado en múltiples niveles de formación y práctica.

2.5 Impacto esperado

Al estudiar y aplicar este manual, se espera que el capellán cristiano:
- Sea más consciente de su **llamado divino**.
- Tenga claridad sobre su **rol en diferentes ámbitos**.
- Aplique principios éticos y bíblicos en su labor.
- Sirva con un corazón sensible, humilde y lleno del Espíritu Santo.
- Sea un **instrumento de consuelo y esperanza en Cristo** para quienes atraviesan crisis.

2.6 Conclusión

Este manual no sustituye la Biblia ni la dirección del Espíritu Santo, sino que los acompaña como un **instrumento de formación y apoyo**. Su propósito es que cada capellán sirva con excelencia, reflejando el amor de Cristo en cada palabra, oración y acción.

Oración final del capítulo

"Padre celestial, gracias por la inspiración al preparar este manual, para tu gloria. Que sea una herramienta útil para quienes has llamado al ministerio de la capellanía cristiana. Úsalo para formar corazones dispuestos, manos extendidas y labios que proclamen tu Palabra en medio del sufrimiento. Que todo lo que hagamos sea para honra de Cristo Jesús, nuestro Señor. Amén."

Notas

Capítulo 3
Breve Historia de la Capellanía Cristiana

3.1 Orígenes bíblicos del ministerio de acompañamiento

Aunque el término "capellanía" es posterior, el **concepto de acompañamiento espiritual** está presente desde los tiempos bíblicos:

- En el **Antiguo Testamento**, los sacerdotes y profetas acompañaban al pueblo en momentos de crisis, batalla o enfermedad. Ejemplo: Moisés intercediendo por Israel (Éxodo 17:11-12).
- En el **Nuevo Testamento**, Jesús mismo modela la capellanía cuando se acerca a los enfermos, marginados y presos espirituales: *"El Espíritu del Señor está sobre mí… para sanar a los quebrantados de corazón, para proclamar libertad a los cautivos"* (Lucas 4:18).
- Los primeros cristianos practicaron la visita y el cuidado mutuo: *"Si alguno está enfermo, llame a los ancianos de la iglesia, y oren por él"* (Santiago 5:14).

Estos pasajes muestran que la **raíz del ministerio de capellanía es bíblica**: la presencia pastoral en medio del sufrimiento humano.

3.2 Desarrollo histórico del término "capellán"

La palabra **"capellán"** proviene del latín *cappa*, que significa "capa" o "manto". Según la tradición, en el siglo IV, San Martín de Tours (Francia) partió su capa para abrigar a un mendigo. Más tarde, esa capa se convirtió en una reliquia guardada en una capilla, cuidada por un sacerdote llamado *Cappellanus*. De ahí surge el término "capellán" como el cuidador de la presencia de Dios en contextos específicos.

Durante la Edad Media, los capellanes acompañaban a reyes, ejércitos y peregrinos. Con el tiempo, se extendió a hospitales, cárceles y universidades, convirtiéndose en un ministerio de apoyo espiritual en instituciones.

3.3 Capellanía en tiempos modernos

En los siglos XIX y XX, la capellanía se consolidó en **hospitales, fuerzas armadas, prisiones y escuelas**. El crecimiento de los Estados modernos y de los sistemas penitenciarios y hospitalarios exigió la presencia de líderes espirituales que pudieran brindar consuelo y guía moral en medio de las instituciones.

En América Latina, la capellanía comenzó ligada a los hospitales católicos y protestantes, y con el tiempo se amplió a instituciones públicas, policiales, militares y educativas. Hoy, el capellán es visto como un **enlace entre la fe y la sociedad**, representando a Cristo en lugares donde la iglesia institucional no llega.

3.4 Ilustración práctica

Capellanes cristianos han sido llamados a servir en **hospitales públicos**, acompañando tanto a pacientes como al personal médico en situaciones de crisis. En una sala de emergencias, un capellán oró por un médico que acababa de perder a un paciente en cirugía. El médico expresó: *"Usted llegó justo cuando sentí que no podía más. Dios me recordó que no estoy solo"*.

Este ejemplo refleja que la historia de la capellanía continúa escribiéndose hoy, a través del servicio de hombres y mujeres dispuestos a ser instrumentos de consuelo.

3.5 Importancia de recordar la historia

Conocer la historia de la capellanía nos ayuda a:

1. Valorar el **legado bíblico y pastoral** que la sustenta.
2. Entender que el ministerio del capellán siempre ha sido un **puente entre la fe y el dolor humano**.
3. Inspirarnos para continuar la misión, sabiendo que somos parte de una tradición viva que comenzó con Cristo y sigue vigente en cada generación.

3.6 Conclusión

La capellanía cristiana no es una invención moderna, sino una extensión del ministerio de Jesús. Desde los profetas del Antiguo Testamento, pasando por el ejemplo de Cristo y la iglesia primitiva, hasta los capellanes en hospitales y prisiones hoy, este ministerio ha sido un canal de la **presencia de Dios en medio del sufrimiento humano**.

El capellán de hoy es heredero de una larga historia de fe, compasión y servicio, y tiene la responsabilidad de continuar ese legado con fidelidad.

Oración final del capítulo

"Señor de la historia, gracias por levantar hombres y mujeres a lo largo de los siglos para llevar tu presencia a los enfermos, los presos, los soldados y los necesitados. Haz de nosotros continuadores fieles de esa tradición, recordando siempre que no vamos en nuestro nombre, sino en el nombre de Cristo Jesús, nuestro Salvador. Amén."

Capítulo 4
Fundamentos Bíblicos de la Capellanía Cristiana

4.1 La Palabra de Dios como base

La capellanía cristiana no nace de una necesidad institucional únicamente, sino de la misma **Palabra de Dios**. Es la Biblia la que nos da la autoridad y el mandato de servir a los enfermos, presos, pobres y necesitados.

Jesucristo es el modelo perfecto del capellán, pues caminó entre los marginados, lloró con los que lloraban y trajo esperanza a los que no tenían salida.

4.2 Textos clave del Antiguo Testamento

- **Isaías 61:1-2**: *"El Espíritu de Jehová el Señor está sobre mí, porque me ungió Jehová; me ha enviado a predicar buenas nuevas a los abatidos, a vendar a los quebrantados de corazón, a publicar libertad a los cautivos, y a los presos apertura de la cárcel."* Este texto profético, cumplido en Cristo, muestra el corazón de la misión del capellán: sanar, consolar y anunciar libertad.
- **Salmo 23:4**: *"Aunque ande en valle de sombra de muerte, no temeré mal alguno, porque tú estarás conmigo."* El capellán recuerda a los que sufren que Dios nunca abandona a los suyos.
- **Miqueas 6:8**: *"Hombre, él te ha declarado lo que es bueno... hacer justicia, amar misericordia y humillarte ante tu Dios."* Resume la ética de la capellanía: justicia, misericordia y humildad.

4.3 Textos clave del Nuevo Testamento

- **Mateo 25:35-36**: *"Tuve hambre y me disteis de comer; tuve sed y me disteis de beber; fui forastero y me recogisteis; estuve desnudo y me cubristeis; enfermo, y me visitasteis; en la cárcel, y vinisteis a mí."* La esencia de la capellanía: ver a Cristo en el rostro de los necesitados.
- **Lucas 4:18**: Jesús confirma su misión citando Isaías 61: *"El Espíritu del Señor está sobre mí…"*. El capellán continúa esa misión en el mundo actual.
- **2 Corintios 1:3-4**: *"El Dios de toda consolación… nos consuela en todas nuestras tribulaciones, para que podamos también nosotros consolar a los que están en cualquier tribulación."* El capellán es un consolador porque primero ha sido consolado por Dios.
- **Gálatas 6:2**: *"Sobrellevad los unos las cargas de los otros, y cumplid así la ley de Cristo."* La capellanía es práctica: caminar junto al que carga un peso que no puede llevar solo.

4.4 Principios bíblicos de la capellanía

1. **Presencia**: estar allí donde otros no llegan, como Cristo estuvo con los que sufrían.
2. **Compañía**: llorar con los que lloran y alegrarse con los que se alegran (Romanos 12:15).
3. **Intercesión**: orar en nombre de quienes atraviesan crisis.
4. **Esperanza**: anunciar que en Cristo siempre hay futuro, incluso en el dolor.
5. **Servicio**: poner por obra la fe mediante acciones de amor.

4.5 Ejemplo práctico

Un capellán visita una cárcel y comparte Mateo 25:36 con un grupo de internos. Les recuerda que, aunque la sociedad los ha olvidado, Jesús los busca y los valora. Uno de los internos comenta con lágrimas: *"Si Jesús me ve, entonces aún hay esperanza para mí"*.

Ese momento resume el fundamento bíblico de la capellanía: **anunciar el amor de Cristo a quienes creen que ya no tienen valor**.

4.6 Conclusión

Los fundamentos bíblicos de la capellanía cristiana confirman que este ministerio no es un invento humano, sino un **llamado divino**. Cada capellán que sirve en hospitales, cárceles, escuelas o comunidades lo hace obedeciendo al mandato de Jesús y a la enseñanza de la Palabra.

El capellán cristiano no lleva solo consuelo humano, sino el **mensaje eterno de esperanza en Cristo Jesús**.

Oración final del capítulo

"Señor, gracias por tu Palabra que nos recuerda nuestro llamado a servir a los más necesitados. Haz que cada capellán viva y ministre fundamentado en la Biblia, siendo fiel testigo de tu amor y tu gracia. Que al proclamar tu Palabra, los corazones sean sanados, los cautivos encuentren libertad y los que sufren hallen esperanza en Cristo Jesús. Amén."

Capítulo 5
Importancia del Capellanismo

5.1 El capellán como presencia de Cristo

El ministerio del capellán es importante porque **representa la presencia de Cristo en lugares de necesidad**. Allí donde hay dolor, sufrimiento o crisis, el capellán se convierte en un canal de consuelo. Su sola presencia transmite paz, esperanza y fe.

Jesús mismo nos enseñó este principio: *"Vosotros sois la luz del mundo"* (Mateo 5:14). El capellán, como siervo de Cristo, ilumina espacios de desesperanza con la luz del Evangelio.

5.2 Relevancia en la sociedad actual

En el mundo moderno enfrentamos enfermedades, violencia, desintegración familiar, adicciones y soledad. En este contexto, la capellanía cristiana es vital porque:

1. Brinda **acompañamiento espiritual y emocional** en momentos de crisis.
2. Proporciona **esperanza bíblica** donde la ciencia o la justicia humana no alcanzan.
3. Extiende la labor de la iglesia más allá de sus muros.
4. Es un **testimonio público del Evangelio** en espacios seculares.

5.3 Beneficios del capellanismo

- **Para los pacientes y familias en hospitales**: paz en medio del dolor.
- **Para los internos en cárceles**: la posibilidad de restauración y perdón.
- **Para estudiantes y jóvenes**: guía en sus decisiones y conflictos.

- **Para los cuerpos de seguridad**: fortaleza en medio de la presión laboral.
- **Para los ancianos en asilos**: compañía y recordatorio del amor de Dios.
- **Para la sociedad en general**: un mensaje de unidad, fe y esperanza.

5.4 Ejemplo práctico

En un hospital, un médico compartió con un capellán: *"Hacemos lo posible por curar, pero ustedes nos ayudan a sanar el alma"*.

Esta frase refleja que la importancia del capellanismo no está solo en lo que dice, sino en lo que **representa: la presencia del amor de Dios en medio de las necesidades humanas.**

5.5 Testimonio ilustrativo

Un interno en una cárcel le dijo a un capellán: *"Cuando usted viene, me siento libre por un rato, porque me recuerda que Dios no me ha olvidado"*. Este testimonio resume la importancia del ministerio: hacer presente el amor de Cristo donde parece que reina el abandono.

5.6 Conclusión

El capellanismo es importante porque **lleva el Evangelio fuera del templo.** Es la iglesia en acción, alcanzando al mundo con un mensaje de amor, perdón y esperanza. Sin capellanes, muchos espacios quedarían espiritualmente vacíos.

La importancia de este ministerio radica en que **da testimonio de Cristo en medio del dolor humano** y recuerda a todos que Dios nunca abandona a sus hijos.

Oración final del capítulo

"Padre celestial, gracias por el ministerio de la capellanía. Haznos sensibles a las necesidades de quienes sufren, y ayúdanos a ser instrumentos de tu presencia. Que en hospitales, cárceles, escuelas y cada lugar donde sirvamos, tu luz brille a través de nosotros. Que nunca olvidemos que lo importante no somos nosotros, sino Cristo en nosotros. Amén."

Capítulo 6
Capellanía en Hospitales

6.1 La necesidad en los hospitales

El hospital es un lugar donde diariamente se enfrentan la vida y la muerte, la esperanza y la desesperación. Allí, médicos y enfermeras trabajan incansablemente para sanar el cuerpo, pero muchas veces los pacientes y sus familias sufren también en el **alma**.

En este contexto, el capellán cristiano es un **instrumento de Dios para ministrar paz, fortaleza y esperanza espiritual**. Su función no es médica, sino espiritual: atender las necesidades emocionales y espirituales de quienes enfrentan el dolor, la enfermedad o la pérdida.

6.2 Funciones del capellán en hospitales

1. **Visitar a los enfermos** siguiendo el mandato de Jesús (Mateo 25:36).
2. **Escuchar y consolar** a pacientes y familiares.
3. **Orar con fe** por sanidad, paz y fortaleza espiritual.
4. **Compartir la Palabra de Dios** como fuente de esperanza.
5. **Acompañar al personal médico** en momentos de presión y estrés.
6. **Brindar apoyo en procesos de duelo** a familias que atraviesan pérdida.

6.3 Fundamentos bíblicos

- *"¿Está alguno entre vosotros enfermo? Llame a los ancianos de la iglesia, y oren por él, ungiéndole con aceite en el nombre del Señor"* (Santiago 5:14).
- *"Jehová… sana todas tus dolencias"* (Salmo 103:3).

- *"Y le rogaban que tocasen siquiera el borde de su manto; y todos los que lo tocaban quedaban sanos"* (Marcos 6:56).

Estos textos muestran que el cuidado espiritual es tan importante como el físico.

6.4 Ejemplo práctico

Un paciente en fase terminal compartió con un capellán: *"Los doctores me dijeron que ya no hay cura, pero usted me recordó que aún tengo esperanza en Cristo"*. El capellán no pudo cambiar el diagnóstico, pero sí **transformó la perspectiva espiritual del paciente**, ayudándole a enfrentar la muerte con fe y paz.

6.5 Testimonio ilustrativo

En una sala de emergencias, una familia esperaba noticias tras un accidente. El capellán simplemente se sentó con ellos, tomó sus manos y oró: *"Señor, danos paz en medio de este caos"*. Después, un familiar expresó: *"No recuerdo todo lo que dijo, pero sentí que Dios estaba allí con nosotros"*.

Ese testimonio revela que la labor del capellán muchas veces no está en palabras largas, sino en la **presencia compasiva**.

6.6 Desafíos del ministerio hospitalario

- Respetar las normas médicas e institucionales.
- Atender a personas de diferentes denominaciones cristianas.
- Guardar la confidencialidad de las familias.
- Enfrentar el agotamiento emocional propio del entorno hospitalario.

Por eso, el capellán necesita **sensibilidad, prudencia y fortaleza espiritual constante**.

6.7 Conclusión

La capellanía en hospitales es un ministerio de consuelo y esperanza. El capellán no sustituye al médico, pero complementa su labor al recordar que la salud integral incluye también el **alma y el espíritu**.

El hospital, con todo su dolor y fragilidad, es un campo fértil para sembrar la fe en Cristo, el médico divino que trae sanidad al cuerpo, paz al alma y salvación eterna.

Oración final del capítulo

"Señor Jesús, médico de las almas y los cuerpos, gracias por permitirnos servir en hospitales. Danos sensibilidad para escuchar, fe para orar y sabiduría para acompañar en medio de la enfermedad. Que seamos tus manos extendidas para sanar corazones heridos y tu voz de esperanza para quienes atraviesan momentos de angustia. Amén."

Notas

Capítulo 7
Capellanía en Cárceles

7.1 La realidad en las cárceles

La cárcel es un lugar donde se experimenta el peso de la justicia humana, pero también donde muchos viven la desesperanza, la soledad y la culpa.

Allí conviven personas que han cometido errores graves, pero que aún siguen siendo **almas por las cuales Cristo murió**.

El capellán cristiano en una cárcel es un **embajador del perdón y la gracia de Dios**. Su ministerio consiste en anunciar que la libertad verdadera no depende de las rejas físicas, sino de la **libertad espiritual que ofrece Jesucristo**.

7.2 Funciones del capellán en prisiones

1. **Visitar y escuchar** a los internos, mostrando compasión.
2. **Compartir la Palabra de Dios** como fuente de restauración y esperanza.
3. **Acompañar en procesos de arrepentimiento y fe en Cristo**.
4. **Orar por la transformación de vidas** y reconciliación con Dios.
5. **Brindar consejería espiritual** en temas de culpa, familia y reinserción social.
6. **Apoyar a las familias de los internos**, quienes también sufren en silencio.

7.3 Fundamentos bíblicos

- *"Acordaos de los presos, como si estuvierais presos juntamente con ellos"* (Hebreos 13:3).
- *"El Espíritu del Señor está sobre mí… me ha enviado… a pregonar libertad a los cautivos"* (Lucas 4:18).
- *"De cierto te digo que hoy estarás conmigo en el paraíso"* (Lucas 23:43).

Estos textos muestran que Dios no olvida a quienes están privados de libertad y que Su gracia puede alcanzarlos en cualquier lugar.

7.4 Ejemplo práctico

Un capellán visitaba semanalmente una cárcel y compartía estudios bíblicos con un grupo de internos. Uno de ellos dijo: *"Aunque sigo encerrado, me siento libre porque ahora tengo paz con Dios"*.

Ese testimonio refleja la esencia de la capellanía en prisiones: **abrir las puertas de la libertad espiritual en Cristo.**

7.5 Testimonio ilustrativo

En una reunión carcelaria, un interno confesó con lágrimas: *"Creía que ya no había perdón para mí, pero entendí que Jesús murió también por mis pecados"*.

El capellán le respondió: *"El mismo Cristo que resucitó puede darte una vida nueva, incluso aquí"*. Con el tiempo, aquel hombre se convirtió en líder de un grupo de oración dentro de la prisión.

7.6 Desafíos del ministerio en cárceles

- Ambientes hostiles y de alto riesgo.
- Realidades de violencia, culpa y resentimiento.
- Diferencias doctrinales entre internos.
- Procesos largos de reinserción social.
- Respetar las normas penitenciarias" e institucionales.

Por eso, el capellán debe tener **paciencia, discernimiento espiritual y firmeza en la fe**.

7.7 Conclusión

La capellanía en cárceles es vital porque muestra que el **poder de Cristo trasciende los muros de hierro y las rejas de acero**. Allí donde el mundo ve criminales, Dios ve hijos e hijas que pueden ser restaurados por Su gracia.
El capellán en prisiones es una voz que proclama: *"Si alguno está en Cristo, nueva criatura es"* (2 Corintios 5:17).

Oración final del capítulo

"Padre de misericordia, te presentamos a todos los que están tras las rejas. Que tu amor les alcance, que tu perdón les restaure y que tu paz les dé libertad interior. Bendice a los capellanes que entran en las cárceles llevando tu Palabra; dales protección, sabiduría y compasión para reflejar a Cristo en cada encuentro. Amén."

Notas

Capítulo 8
Capellanía en Iglesias y Comunidades de Fe

8.1 El papel del capellán en la iglesia

Aunque la iglesia local ya cuenta con pastores, líderes y ministerios, el capellán cumple un rol **complementario**. Su misión no es reemplazar al pastor, sino **extender el cuidado pastoral** hacia las necesidades particulares de la congregación y de la comunidad en general.

El capellán dentro de una iglesia es muchas veces el puente entre la congregación y la sociedad, especialmente en situaciones de crisis, emergencias, funerales o acompañamiento de miembros en hospitales y cárceles.

8.2 Funciones del capellán en la iglesia

1. **Apoyar al pastor principal** en labores de cuidado espiritual.
2. **Visitar a los enfermos y afligidos** de la congregación.
3. **Acompañar en funerales y velorios** con oración y consuelo.
4. **Coordinar programas de servicio comunitario** en nombre de la iglesia.
5. **Capacitar a miembros de la iglesia** en acompañamiento y consejería básica.
6. **Servir como enlace** entre la iglesia y hospitales, cárceles u otras instituciones.

8.3 Fundamentos bíblicos

- *"Y él mismo constituyó... a pastores y maestros, a fin de perfeccionar a los santos para la obra del ministerio, para la edificación del cuerpo de Cristo"* (Efesios 4:11-12).
- *"Sobrellevad los unos las cargas de los otros"* (Gálatas 6:2).
- *"Llora con los que lloran"* (Romanos 12:15).

El capellán en la iglesia es una expresión práctica de estos mandatos bíblicos.

8.4 Ejemplo práctico

Una iglesia pequeña perdió a un miembro amado en un accidente. El pastor estaba devastado, pero un capellán de la congregación organizó la asistencia espiritual a la familia, visitó el hospital y lideró la oración en el funeral. Esto permitió que el pastor tuviera apoyo y que la iglesia viera el ministerio de consolación en acción.

8.5 Testimonio ilustrativo

En una comunidad de fe, un capellán fue asignado a visitar semanalmente a los miembros de edad avanzada que ya no podían asistir al templo. Una hermana anciana dijo: *"Cuando usted viene, siento que la iglesia vino conmigo a mi casa"*.
Esto muestra cómo la capellanía fortalece la conexión de la iglesia con sus miembros más vulnerables.

8.6 Desafíos del capellán en la iglesia

- Definir claramente su rol para no duplicar la labor pastoral.
- Atender a miembros de diferentes denominaciones cuando se trata de comunidades ecuménicas.
- Mantener un espíritu de **servicio y humildad**, sin buscar protagonismo.

8.7 Conclusión

El capellán en la iglesia es un **siervo de apoyo y extensión**, que ayuda a mantener la unidad, la atención pastoral y el testimonio de amor. Su importancia radica en que amplía la capacidad de la congregación de responder a las necesidades espirituales y sociales de sus miembros y de la comunidad.

Oración final del capítulo

"Señor de la Iglesia, gracias por levantar capellanes que sirven como extensión de tu amor en medio de tu pueblo. Bendice a cada congregación que abre espacio para este ministerio, y haz que cada capellán sea instrumento de unidad, consuelo y edificación en la comunidad de fe. Amén."

Capítulo 9
Capellanía en Centros de Rehabilitación de Drogas

9.1 La realidad del problema

Las drogas y las adicciones son una de las **crisis más graves de nuestra sociedad**. No solo afectan al consumidor, sino también a su familia, comunidad y entorno laboral. Quienes luchan con la dependencia a las drogas viven atrapados en un ciclo de culpa, vergüenza, desesperanza y recaídas.

En medio de esta realidad, el capellán cristiano tiene un papel esencial: **recordar que la verdadera libertad y restauración están en Cristo** (Juan 8:36).

9.2 Funciones del capellán en centros de rehabilitación

1. **Brindar consejería espiritual y bíblica** que fortalezca el proceso de recuperación.
2. **Guiar momentos de oración y adoración** para cultivar la fe y la esperanza.
3. **Enseñar principios cristianos** que ayudan a formar nuevos hábitos de vida.
4. **Escuchar y acompañar** sin juzgar, mostrando amor y empatía.
5. **Apoyar a las familias** que también sufren y necesitan orientación.
6. **Coordinar con profesionales** de la salud mental para complementar la atención espiritual con la médica y psicológica.

9.3 Fundamentos bíblicos

- *"Conoceréis la verdad, y la verdad os hará libres"* (Juan 8:32).
- *"Si el Hijo os libertare, seréis verdaderamente libres"* (Juan 8:36).
- *"De modo que si alguno está en Cristo, nueva criatura es"* (2 Corintios 5:17).
- *"Él sana a los quebrantados de corazón, y venda sus heridas"* (Salmo 147:3).

Estos textos muestran que la **libertad en Cristo es real y transformadora**, incluso para quienes han sido esclavos de las adicciones.

9.4 Ejemplo práctico

En un centro de rehabilitación, un capellán dirigía un devocional semanal. Un joven, después de meses de resistencia, aceptó orar y entregar su vida a Cristo. Más tarde testificó: *"He intentado dejar las drogas muchas veces, pero esta vez siento que no estoy solo; Jesús me da fuerzas que yo no tenía"*.

9.5 Testimonio ilustrativo

Una madre relató que, gracias a las oraciones y visitas de un capellán en el centro donde estaba su hijo, ella también se acercó al Señor. Dijo: *"No solo fue mi hijo quien encontró esperanza, yo también descubrí que Cristo puede restaurar familias enteras"*.

9.6 Desafíos del ministerio en rehabilitación

- Atender a personas con cambios emocionales repentinos y crisis de abstinencia.
- Confrontar la **tentación de recaídas** y la frustración de los pacientes.
- Evitar actitudes de juicio y aprender a caminar con paciencia.
- Coordinar con profesionales, respetando los tratamientos médicos y psicológicos.

El capellán debe ser un **testigo constante de paciencia, amor y fe**, creyendo que en Cristo todo proceso de restauración es posible.

9.7 Conclusión

La capellanía en centros de rehabilitación de drogas es un ministerio de **esperanza y restauración**. Aunque los caminos de la adicción son oscuros, la luz de Cristo puede iluminar la vida del adicto y mostrarle que hay una salida.

El capellán es un recordatorio vivo de que **la gracia de Dios es más fuerte que cualquier cadena de adicción**.

Oración final del capítulo

"Señor Jesucristo, libertador de los cautivos, te presentamos a cada persona que lucha contra las adicciones. Rompe las cadenas que los atan, sana sus corazones y restáuralos por tu poder. Da sabiduría y fortaleza a los capellanes que sirven en centros de rehabilitación, para que sean instrumentos de tu amor y esperanza. Amén."

Notas

Capítulo 10
Capellanía en Escuelas y Universidades Cristianas

10.1 La necesidad en el ámbito educativo

Las instituciones educativas, tanto escuelas como universidades, son espacios donde se forman no solo mentes, sino también valores, convicciones y proyectos de vida. Los estudiantes enfrentan **presiones académicas, emocionales, familiares y espirituales**, y muchas veces carecen de un acompañamiento cercano.

El capellán cristiano en el ámbito educativo es un **mentor espiritual, consejero y guía**, cuya tarea es sembrar principios bíblicos que fortalezcan a estudiantes, docentes y familias.

10.2 Funciones del capellán en la educación cristiana

1. **Guiar devocionales y actividades espirituales** en la institución.
2. **Brindar consejería bíblica y orientación vocacional** a los estudiantes.
3. **Acompañar a los docentes** en su labor, fortaleciendo su vida espiritual.
4. **Atender situaciones de crisis**: bullying, ansiedad, depresión, conflictos familiares.
5. **Promover valores cristianos** como el respeto, la responsabilidad y la fe.
6. **Servir de enlace entre la institución y las familias** en momentos de necesidad.

10.3 Fundamentos bíblicos

- *"Instruye al niño en su camino, y aun cuando fuere viejo no se apartará de él"* (Proverbios 22:6).
- *"Dejad a los niños venir a mí, y no se lo impidáis; porque de los tales es el reino de Dios"* (Marcos 10:14).
- *"Bienaventurado el hombre que halla la sabiduría, y que obtiene la inteligencia"* (Proverbios 3:13).

Estos pasajes muestran la importancia de guiar espiritualmente a las nuevas generaciones.

10.4 Ejemplo práctico

En una escuela, un estudiante estaba desanimado por problemas familiares y bajo rendimiento académico. El capellán lo escuchó, oró con él y le recordó Filipenses 4:13: *"Todo lo puedo en Cristo que me fortalece"*. Ese joven recuperó ánimo y más tarde testificó que esas palabras fueron un punto de cambio en su vida escolar.

10.5 Testimonio ilustrativo

En una universidad, un capellán organizó grupos de oración semanales para los estudiantes. Una alumna confesó: *"Venía cargada de estrés y ansiedad, pero aquí encontré un espacio de paz que me ayudó a continuar"*.

Esto refleja que la capellanía educativa es clave para sostener emocional y espiritualmente a quienes están en proceso de formación.

10.6 Desafíos del ministerio en escuelas y universidades

- Atender a estudiantes de **distintas denominaciones cristianas**.
- Abordar problemáticas actuales como drogas, depresión, violencia y redes sociales.
- Mantener un equilibrio entre la **autoridad institucional** y el **acompañamiento espiritual**.
- Proveer orientación ética en un mundo cada vez más secularizado.

El capellán debe ser un **ejemplo vivo de integridad y fe** en medio del ambiente académico.

10.7 Conclusión

La capellanía en escuelas y universidades cristianas es un ministerio de **formación integral**, que busca no solo enseñar, sino **moldear corazones y preparar líderes con valores cristianos**.

El capellán en la educación es un sembrador de principios eternos, confiando en la promesa de que la semilla de la Palabra dará fruto en su tiempo.

Oración final del capítulo

"Padre celestial, gracias por los niños, adolescentes y jóvenes que has puesto bajo nuestro cuidado. Bendice a cada capellán que sirve en escuelas y universidades cristianas; dales paciencia, amor y sabiduría para guiar a la próxima generación en tus caminos. Que cada institución educativa sea luz y testimonio de Cristo en el mundo. Amén."

Notas

Capítulo 11
Capellanía en Comunidades Migrantes

11.1 La realidad del migrante

Millones de personas en el mundo dejan su país de origen buscando **seguridad, oportunidades o refugio**. Muchos de ellos viajan en condiciones difíciles, enfrentan discriminación, barreras culturales, soledad y duelos por lo que dejaron atrás.

El capellán cristiano en comunidades migrantes es un **portador de consuelo, acogida y esperanza**, recordando que somos "extranjeros y peregrinos en la tierra" (Hebreos 11:13).

11.2 Funciones del capellán en comunidades migrantes

1. **Acompañar espiritualmente** a personas en proceso de adaptación cultural.
2. **Ofrecer consejería bíblica** frente a la soledad, el duelo migratorio y la incertidumbre.
3. **Servir como puente** entre la comunidad migrante y la iglesia local.
4. **Brindar apoyo práctico** (oración, contacto con recursos, acompañamiento en trámites).
5. **Promover espacios de integración cristiana** en la comunidad.
6. **Defender la dignidad humana** de cada migrante desde una perspectiva cristiana.

11.3 Fundamentos bíblicos

- *"Al extranjero que more con vosotros lo tendréis como a uno de vosotros, y lo amarás como a ti mismo"* (Levítico 19:34).
- *"Fui forastero, y me recogisteis"* (Mateo 25:35).

- *"No os olvidéis de la hospitalidad, porque por ella algunos, sin saberlo, hospedaron ángeles"* (Hebreos 13:2).
- *"Ya no sois extranjeros ni advenedizos, sino conciudadanos de los santos, y miembros de la familia de Dios"* (Efesios 2:19).

La Biblia muestra que acoger al extranjero es parte del corazón de Dios.

11.4 Ejemplo práctico

Un capellán visitó un albergue de migrantes y organizó un servicio de oración. Un hombre que había cruzado fronteras peligrosas dijo: *"Creí que Dios me había olvidado, pero hoy me siento visto y amado"*.
Ese momento marcó el inicio de un grupo de oración en el albergue.

11.5 Testimonio ilustrativo

En una comunidad migrante en una gran ciudad, una madre soltera encontró apoyo en un capellán que la ayudó a integrarse en la iglesia local. Ella testificó: *"No solo encontré un lugar para adorar, encontré una familia en Cristo"*.

11.6 Desafíos del ministerio con migrantes

- Diferencias de idioma y cultura.
- Situaciones legales complicadas.
- Traumas por violencia o desplazamiento forzado.
- Necesidad de balancear el **apoyo espiritual** con la **gestión de recursos prácticos**.

El capellán debe mostrar **empatía, paciencia intercultural y firmeza en la Palabra de Dios**.

11.7 Conclusión

La capellanía en comunidades migrantes es un ministerio de **hospitalidad cristiana** que refleja el amor de Dios hacia quienes viven en tierra ajena.
El capellán se convierte en **puente de fe y comunidad**, recordando que en Cristo no hay extranjeros, sino una sola familia en la fe.

Oración final del capítulo

"Señor compasivo, te presentamos a todos los migrantes que caminan en busca de un futuro mejor. Protégelos en sus caminos, sana sus heridas y dales un hogar en tu presencia. Fortalece a los capellanes que los acompañan, para que sean signos de tu hospitalidad y amor en medio de la soledad. Amén."

Notas

Capítulo 12
Capellanía en Policías

12.1 La realidad del servicio policial

Los policías enfrentan diariamente **altos niveles de estrés, riesgo, violencia y presión social**. Su labor de proteger y servir los expone al desgaste físico, emocional y espiritual. Muchas veces llevan cargas ocultas: ansiedad, miedo, traumas por experiencias vividas y dificultades familiares.

El capellán cristiano entre policías es un **acompañante espiritual que brinda apoyo emocional, consejería bíblica y fortaleza en Cristo**, recordando que no luchan solos.

12.2 Funciones del capellán en la policía

1. **Orar y acompañar** en situaciones de emergencia o crisis.
2. **Ofrecer consejería bíblica y apoyo emocional** frente al estrés laboral.
3. **Guiar devocionales y estudios bíblicos** para fortalecer la fe.
4. **Asistir en momentos de pérdida** (funerales, caídas en servicio, accidentes).
5. **Promover valores cristianos** de justicia, integridad y servicio.
6. **Apoyar a las familias** de policías, que también sufren la presión del trabajo.

12.3 Fundamentos bíblicos

- *"Bienaventurados los pacificadores, porque ellos serán llamados hijos de Dios"* (Mateo 5:9).
- *"Porque no en vano lleva la espada; pues es servidor de Dios, vengador para castigar al que hace lo malo"* (Romanos 13:4).

- *"Esforzaos y cobrad ánimo; no temáis, ni tengáis miedo de ellos, porque Jehová tu Dios es el que va contigo; no te dejará, ni te desamparará"* (Deuteronomio 31:6).

La labor policial, vista a la luz de la Biblia, es un ministerio de orden y paz, digno de acompañamiento espiritual.

12.4 Ejemplo práctico

Un policía que participó en una redada confesó al capellán: *"No puedo dormir, siento que cargo imágenes y sonidos que no me dejan en paz"*. El capellán oró con él, lo animó con Filipenses 4:7 sobre la paz de Dios, y le recomendó consejería adicional. Ese acompañamiento ayudó al agente a encontrar alivio y recordar que Cristo también guarda el corazón en medio del deber.

12.5 Testimonio ilustrativo

Durante un acto conmemorativo, un capellán policial compartió un mensaje sobre la esperanza en Cristo. Una familia de un agente caído dijo: *"Su presencia nos recordó que no estamos solos, que Dios también honra el sacrificio de quienes sirven"*.
Esto evidencia el impacto del capellán en los momentos más dolorosos para la institución.

12.6 Desafíos del ministerio policial

- Ganarse la confianza de agentes endurecidos por el estrés.
- Atender crisis de violencia y traumas psicológicos.
- Mantener neutralidad en conflictos institucionales.
- Fortalecer la vida espiritual en un ambiente altamente demandante.

El capellán debe mostrar **empatía, resiliencia y firmeza espiritual**, siendo un refugio en medio de la tensión.

12.7 Conclusión

La capellanía entre policías es un ministerio de **acompañamiento y fortaleza**. Los capellanes recuerdan que, detrás del uniforme, hay seres humanos que necesitan oración, consuelo y dirección espiritual.

Servir a quienes arriesgan su vida por la sociedad es un privilegio y una responsabilidad del Reino de Dios.

Oración final del capítulo

"Señor de paz, te presentamos a los hombres y mujeres que sirven como policías. Protégelos en cada patrullaje, fortalece sus corazones en medio del peligro y guárdalos en tu gracia. Bendice a sus familias y haz que los capellanes sean instrumentos de esperanza, consuelo y verdad en Cristo Jesús. Amén."

Capítulo 13
Capellanía en Bomberos y Rescatistas

13.1 La realidad del servicio bomberil y de rescate

Los bomberos y rescatistas son hombres y mujeres que arriesgan sus vidas en situaciones extremas: incendios, accidentes, desastres naturales y emergencias de gran magnitud.

Viven bajo **constante tensión física y emocional**, y muchas veces enfrentan **traumas postraumáticos, agotamiento y dolor por las vidas que no logran salvar**.

El capellán cristiano en este ámbito es un **acompañante de esperanza y fortaleza**, que recuerda que, incluso en medio del fuego y la destrucción, la **presencia de Dios permanece fiel**.

13.2 Funciones del capellán en bomberos y rescate

1. **Orar antes y después de cada misión**, pidiendo protección y fortaleza.
2. **Acompañar en situaciones de trauma** tras emergencias difíciles.
3. **Brindar consejería espiritual** en temas de estrés, miedo y pérdida.
4. **Apoyar a las familias** de los bomberos y rescatistas, quienes también viven incertidumbre.
5. **Guiar devocionales y momentos de reflexión bíblica** para fortalecer la fe en Cristo.
6. **Asistir en funerales o actos conmemorativos** en honor a caídos en servicio.

13.3 Fundamentos bíblicos

- *"Cuando pases por el fuego, no te quemarás, ni la llama arderá en ti. Porque yo Jehová, Dios tuyo, soy tu Salvador"* (Isaías 43:2-3).
- *"Jehová es mi fortaleza y mi escudo; en él confió mi corazón"* (Salmo 28:7).
- *"Nadie tiene mayor amor que este, que uno ponga su vida por sus amigos"* (Juan 15:13).

Estos pasajes muestran que el trabajo de los bomberos y rescatistas refleja el sacrificio y la entrega de Cristo, y merece apoyo espiritual constante.

13.4 Ejemplo práctico

Tras un incendio devastador, un capellán se acercó a un bombero que estaba visiblemente afectado porque no había logrado rescatar a una familia. El capellán le recordó: *"Hiciste todo lo que estaba en tus manos; el resto estaba en las manos de Dios"*.

Esa palabra le devolvió paz y lo ayudó a continuar en su labor.

13.5 Testimonio ilustrativo

En un acto de homenaje a bomberos caídos, un capellán compartió Juan 15:13. Una viuda expresó después: *"Sus palabras me recordaron que el sacrificio de mi esposo no fue en vano; él vivió como un reflejo del amor de Cristo"*.

13.6 Desafíos del ministerio en bomberos y rescatistas

- El **alto riesgo de la labor**, que conlleva crisis frecuentes.
- Las secuelas emocionales de ver pérdida de vidas humanas.
- El desgaste físico y espiritual en jornadas intensas.
- La necesidad de balancear la **valentía humana** con la **confianza en Dios**.

El capellán debe ser un **pilar de apoyo espiritual y emocional**, recordando siempre la soberanía de Dios.

13.7 Conclusión

La capellanía en bomberos y rescatistas es un ministerio de **presencia y esperanza en medio de la emergencia**. El capellán se convierte en voz de aliento en los momentos más críticos, ayudando a los héroes de la sociedad a recordar que no están solos, sino que Dios los sostiene en cada misión.

Oración final del capítulo

"Dios todopoderoso, te presentamos a los bomberos y rescatistas que entregan sus vidas para salvar a otros. Cúbrelos con tu protección en cada emergencia, fortalece sus corazones y bendice a sus familias. Haz que los capellanes sean instrumentos de tu paz y portadores de esperanza en medio del fuego y el dolor. Amén."

Capítulo 14
Capellanía en Militares

14.1 La realidad del servicio militar

Los militares viven en un entorno de **disciplina, obediencia y riesgo constante**. Se enfrentan a la posibilidad de conflictos armados, largas separaciones de sus familias, entrenamientos intensos y el peso emocional de defender la patria. Todo esto genera **estrés, temor, soledad y a veces traumas profundos**.

El capellán cristiano en el ámbito militar es un **acompañante espiritual que fortalece la fe, consuela en el dolor y recuerda que la verdadera victoria está en Cristo**.

14.2 Funciones del capellán en las fuerzas armadas

1. **Orar con los soldados** antes de operaciones y entrenamientos.
2. **Brindar consejería espiritual y bíblica** en temas de miedo, disciplina y moral.
3. **Guiar devocionales y servicios de adoración** en cuarteles o campamentos.
4. **Acompañar a familias militares** que enfrentan separaciones prolongadas.
5. **Apoyar en situaciones de duelo** por caídos en servicio.
6. **Promover valores cristianos** como la justicia, integridad, obediencia y servicio.

14.3 Fundamentos bíblicos

- *"Esforzaos y cobrad ánimo… Jehová tu Dios va contigo; no te dejará, ni te desamparará"* (Deuteronomio 31:6).
- *"Nadie tiene mayor amor que este, que uno ponga su vida por sus amigos"* (Juan 15:13).
- *"Tú, pues, sufre penalidades como buen soldado de Jesucristo"* (2 Timoteo 2:3).

- *"Bienaventurados los pacificadores, porque ellos serán llamados hijos de Dios"* (Mateo 5:9).

Estos pasajes muestran que el soldado cristiano puede encontrar en Cristo su fortaleza, y que el capellán es clave para guiarlo espiritualmente.

14.4 Ejemplo práctico

En una base militar, antes de una misión de alto riesgo, un capellán dirigió un breve devocional con Josué 1:9. Uno de los soldados comentó: *"Entré con miedo, pero salí con la certeza de que Dios va conmigo"*.

Ese momento marcó la diferencia en la moral del grupo.

14.5 Testimonio ilustrativo

Un soldado veterano compartió que, durante un despliegue, el capellán era la única persona con quien podía hablar de sus miedos sin ser juzgado. Años después, testificó: *"Lo que me sostuvo no fue mi entrenamiento, sino la fe que el capellán me ayudó a cultivar"*.

14.6 Desafíos del ministerio military

- Acompañar en ambientes de **alto riesgo y tensión emocional**.
- Equilibrar la vida espiritual con la disciplina militar.
- Afrontar la realidad de la violencia y la pérdida de compañeros.
- Sostener a las familias durante separaciones largas.

El capellán debe ser un **ejemplo de valor, fe y esperanza**, capaz de caminar junto a los soldados en tiempos de paz y de conflicto.

14.7 Conclusión

La capellanía en militares es un ministerio de **fortaleza y acompañamiento**. Los capellanes recuerdan a los soldados que no luchan solos, sino que Dios marcha con ellos.

Más allá del uniforme y las armas, el capellán proclama la paz de Cristo, que supera todo entendimiento.

Oración final del capítulo

"Señor de los ejércitos, te presentamos a todos los hombres y mujeres que sirven en las fuerzas armadas. Protégelos en su deber, fortalece su fe en medio del peligro y guarda a sus familias en tu paz. Bendice a los capellanes militares para que sean faros de luz y esperanza, y para que recuerden siempre que la victoria más grande está en Cristo Jesús. Amén."

Notas

15.1 La realidad del marino

Los marinos y trabajadores del ámbito portuario pasan largas temporadas lejos de sus hogares, enfrentando **soledad, riesgos del mar, tensiones laborales y choques culturales** al viajar por distintas naciones.

Muchos sufren el **aislamiento espiritual**, ya que no tienen acceso a iglesias locales ni a comunidades de fe durante sus viajes.

El capellán cristiano en este contexto se convierte en un **puerto seguro de fe**, un acompañante que lleva la Palabra de Dios hasta los muelles, barcos y comunidades marítimas.

15.2 Funciones del capellán maritime

1. **Visitar barcos y puertos**, llevando oración, consejería y Biblias.
2. **Brindar apoyo espiritual a marinos** que enfrentan largas ausencias de sus familias.
3. **Guiar devocionales y cultos a bordo** cuando sea posible.
4. **Asistir en emergencias marítimas** (accidentes, desapariciones, pérdidas).
5. **Apoyar a las familias de los marinos**, especialmente en crisis emocionales o económicas.
6. **Promover valores cristianos** de honestidad, integridad y unidad en el trabajo.

15.3 Fundamentos bíblicos

- *"Suben a los cielos, descienden a los abismos; sus almas se derriten con el mal… Entonces claman a Jehová en su angustia, y los libra de sus aflicciones"* (Salmo 107:26, 28).
- *"Los que descienden al mar en naves… ven las obras de Jehová, y sus maravillas en las profundidades"* (Salmo 107:23-24).
- *"Jehová guarda tu salida y tu entrada desde ahora y para siempre"* (Salmo 121:8).

La Biblia muestra que Dios también cuida a los que surcan los mares y confían en Él.

15.4 Ejemplo práctico

En un puerto, un capellán entregó un Nuevo Testamento a un marino filipino que llevaba meses sin contacto con su familia.

El hombre lo recibió con lágrimas y dijo: *"Ahora sé que Dios me acompaña en cada viaje"*.

15.5 Testimonio ilustrativo

En una emergencia marítima, un capellán acompañó a las familias de varios desaparecidos. Una esposa expresó: *"Su oración nos sostuvo cuando sentíamos que todo estaba perdido"*.

Esto refleja que la capellanía portuaria es una labor de **consuelo en la ausencia y fortaleza en la incertidumbre**.

15.6 Desafíos del ministerio marítimo

- Dificultad de acceso a barcos y puertos con restricciones.
- Diferencias culturales y de idioma entre marinos internacionales.
- Soledad extrema de los trabajadores.
- Crisis familiares por las ausencias prolongadas.

El capellán debe ser **flexible, multilingüe en espíritu (aunque no siempre en idioma) y lleno de empatía**, reflejando la hospitalidad de Cristo.

15.7 Conclusión

La capellanía en marinos y personal portuario es un ministerio de **esperanza en medio de la distancia y el aislamiento**.

El capellán es un recordatorio de que **Cristo también navega con ellos**, y de que el mar no es un límite para la gracia de Dios.

Oración final del capítulo

"Dios soberano de cielos y mares, guarda a los marinos y trabajadores portuarios en cada viaje. Sé su refugio en las tormentas, su compañía en la soledad y su paz en medio de la incertidumbre. Bendice a los capellanes marítimos para que sean portadores de tu Palabra en cada puerto y cada barco. Amén."

Notas

Capítulo 16
Capellanía en Asilos y Cuidado del Adulto Mayor

16.1 La realidad del adulto mayor

Los adultos mayores en asilos o residencias enfrentan múltiples desafíos: **soledad, abandono familiar, enfermedades crónicas, pérdida de autonomía y el dolor de ver partir a sus seres queridos.**

Muchos de ellos cargan con sentimientos de inutilidad o creen que ya no tienen propósito.

En este contexto, el capellán cristiano es un **mensajero de amor y dignidad**, que recuerda que la vejez también es parte del plan de Dios y que cada etapa de la vida tiene valor eterno.

16.2 Funciones del capellán en asilos

1. **Visitar regularmente a los residentes** con escucha activa y oración.
2. **Compartir lecturas bíblicas** que fortalezcan la fe y la esperanza.
3. **Brindar consuelo en el duelo** por la pérdida de amigos o familiares.
4. **Guiar devocionales y servicios de adoración** adaptados a la realidad del adulto mayor.
5. **Apoyar al personal del asilo**, que también enfrenta desgaste emocional.
6. **Promover actividades espirituales** que estimulen la memoria y la participación.

16.3 Fundamentos bíblicos

- *"Aun en la vejez fructificarán; estarán vigorosos y verdes"* (Salmo 92:14).
- *"Corona de honra es la vejez, que se halla en el camino de justicia"* (Proverbios 16:31).
- *"No me deseches en el tiempo de la vejez; cuando mi fuerza se acabare, no me desampares"* (Salmo 71:9).

La Biblia honra a los ancianos y enseña que son un **tesoro de sabiduría y fe** en la comunidad.

16.4 Ejemplo práctico

En un asilo, un capellán organizó un servicio de canto con himnos antiguos. Una residente que casi nunca hablaba comenzó a cantar suavemente un himno que recordaba de su juventud.

Ese momento trajo lágrimas de alegría a todos los presentes, mostrando que la **fe permanece viva incluso cuando las fuerzas físicas disminuyen.**

16.5 Testimonio ilustrativo

Un anciano le dijo a su capellán: *"Mis hijos no me visitan, pero cada vez que usted entra siento que Dios mismo viene a verme"*.

Ese testimonio refleja cómo la **presencia del capellán encarna el amor de Dios en medio de la soledad.**

16.6 Desafíos del ministerio en asilos

- Manejar la fragilidad emocional y física de los residentes.
- Acompañar procesos de duelo frecuentes.
- Encontrar formas creativas de ministrar a personas con limitaciones cognitivas o físicas.
- Cuidar la propia salud emocional del capellán frente a la exposición constante al sufrimiento.

El capellán necesita **paciencia, ternura y sensibilidad pastoral** para servir eficazmente en este contexto.

16.7 Conclusión

La capellanía en asilos y con adultos mayores es un ministerio de **presencia amorosa y acompañamiento digno**. El capellán recuerda a los ancianos que **Dios no los ha olvidado y que siguen siendo valiosos en el Reino de Dios**.

Cada palabra, cada oración y cada visita es una semilla de esperanza en el corazón de quienes esperan el abrazo eterno del Señor.

Oración final del capítulo

"Padre de misericordias, te presentamos a cada adulto mayor en asilos y residencias. Derrama sobre ellos tu paz y tu consuelo, y hazles sentir tu amor constante. Bendice a los capellanes que los visitan, dales ternura y paciencia para ser reflejo de tu fidelidad. Que cada anciano pueda terminar su carrera con fe y esperanza en Cristo Jesús. Amén."

Notas

Capítulo 17
Capellanía en Ministerios de Gobierno

17.1 La realidad en el ámbito gubernamental

Los ministerios y entidades de gobierno toman decisiones que afectan a millones de personas.

Sin embargo, quienes trabajan allí enfrentan **presiones políticas, tentaciones de corrupción, estrés laboral y conflictos éticos**.

El capellán cristiano en ministerios de gobierno tiene el llamado de ser **voz profética, consejero espiritual y testigo del Evangelio**, acompañando tanto a funcionarios como a empleados en su vida personal y profesional.

17.2 Funciones del capellán en el gobierno

1. **Orar por las autoridades** conforme a 1 Timoteo 2:1-2.
2. **Ofrecer consejería bíblica** a funcionarios en medio de dilemas éticos y decisiones difíciles.
3. **Promover valores cristianos** como justicia, integridad, servicio y transparencia.
4. **Guiar devocionales y momentos de reflexión** en instituciones públicas.
5. **Acompañar en crisis nacionales** (catástrofes, emergencias, conflictos).
6. **Servir como puente** entre la iglesia y el Estado en proyectos de bien común.

17.3 Fundamentos bíblicos

- *"Sométase toda persona a las autoridades superiores; porque no hay autoridad sino de parte de Dios"* (Romanos 13:1).
- *"Bienaventurados los que tienen hambre y sed de justicia, porque ellos serán saciados"* (Mateo 5:6).
- *"Y buscarás de entre todo el pueblo varones de virtud, temerosos de Dios, varones de verdad, que aborrezcan la avaricia"* (Éxodo 18:21).

Estos textos muestran que la labor en el gobierno debe ser acompañada de principios éticos y espirituales.

17.4 Ejemplo práctico

Un capellán fue invitado a un ministerio para dirigir un tiempo de oración semanal con los funcionarios.

Uno de ellos compartió: *"Este espacio nos recuerda que nuestras decisiones no son solo políticas, también son morales y espirituales"*.

17.5 Testimonio ilustrativo

En medio de una crisis nacional, un capellán fue llamado a orar en una reunión gubernamental.

Después, un funcionario dijo: *"Su oración nos dio paz en medio de la tormenta, y nos recordó que Dios gobierna por encima de los hombres"*.

17.6 Desafíos del ministerio en el gobierno

- Mantener neutralidad en contextos políticos polarizados.
- Afrontar la tentación de corrupción o manipulación.
- Ser testigo fiel de Cristo sin comprometer la verdad del Evangelio.
- Ganar la confianza en un ambiente donde reina la desconfianza.

El capellán debe ser **prudente, sabio y profético**, con un carácter firme en la Palabra.

17.7 Conclusión

La capellanía en ministerios de gobierno es un ministerio de **intercesión y guía ética**. El capellán recuerda que los gobernantes y funcionarios también necesitan dirección espiritual, y que solo en Dios encontrarán sabiduría para gobernar con justicia.

El capellán en el gobierno es un **puente de fe en medio de la política**, mostrando que la verdadera autoridad proviene del Señor.

Oración final del capítulo

"Señor soberano, te presentamos a las autoridades y servidores públicos. Llénalos de sabiduría, justicia y temor de ti para que gobiernen con rectitud. Bendice a los capellanes que sirven en el ámbito gubernamental, dales firmeza y humildad para ser luz en medio de la política y defensores de la verdad en Cristo Jesús. Amén."

Capítulo 18
Capellanía en Empresas y Lugares de Trabajo

18.1 La realidad en el ámbito laboral

El lugar de trabajo es donde las personas pasan la mayor parte de su tiempo. Allí enfrentan **estrés, competencia, presión de resultados, conflictos interpersonales y desgaste emocional.**

Muchos trabajadores también cargan con problemas familiares y financieros que afectan su desempeño.

El capellán cristiano en empresas y lugares de trabajo es un **acompañante espiritual** que ofrece consuelo, guía bíblica y esperanza, recordando que la fe no se limita al templo, sino que **también transforma la vida laboral.**

18.2 Funciones del capellán en empresas

1. **Brindar consejería espiritual y personal** a empleados y líderes.
2. **Ofrecer oración y apoyo pastoral** en momentos de crisis.
3. **Guiar devocionales o reflexiones breves** en entornos laborales.
4. **Fomentar valores cristianos** como la honestidad, la responsabilidad y el respeto.
5. **Acompañar en situaciones de duelo, enfermedad o emergencias laborales.**
6. **Apoyar a los empleadores** en la creación de un clima laboral saludable.

18.3 Fundamentos bíblicos

- *"Todo lo que hagáis, hacedlo de corazón, como para el Señor y no para los hombres"* (Colosenses 3:23).
- *"El obrero es digno de su salario"* (1 Timoteo 5:18).
- *"Y todo lo que hacéis, sea de palabra o de hecho, hacedlo todo en el nombre del Señor Jesús"* (Colosenses 3:17).
- *"La bendición de Jehová es la que enriquece, y no añade tristeza con ella"* (Proverbios 10:22).

Estos textos muestran que el trabajo es parte de la vida cristiana y que también allí Dios quiere glorificarse.

18.4 Ejemplo práctico

En una fábrica, un grupo de empleados perdió a un compañero en un accidente laboral. El capellán fue invitado a dirigir un servicio de oración.

Sus palabras y oraciones trajeron consuelo a la plantilla y recordaron que la fe es fuente de fortaleza en medio del dolor.

18.5 Testimonio ilustrativo

En una empresa de servicios, un capellán ofrecía consejería confidencial a los trabajadores.

Una empleada compartió: *"Pensé en renunciar porque no aguantaba más la presión, pero la orientación bíblica y la oración del capellán me devolvieron paz y ánimo"*.

18.6 Desafíos del ministerio en empresas

- Respetar la diversidad de creencias en espacios laborales.
- Ganar la confianza de empleados que temen hablar de temas personales.
- Mantener un equilibrio entre la **vida espiritual y las exigencias corporativas**.
- Acompañar tanto a empleados como a empleadores con imparcialidad y amor cristiano.

El capellán debe actuar con **sabiduría, confidencialidad y humildad**, mostrando siempre la compasión de Cristo.

18.7 Conclusión

La capellanía en empresas es un ministerio de **esperanza en medio del trabajo diario**. El capellán recuerda que el éxito laboral no lo es todo, y que lo más importante es mantener la paz y la integridad que provienen de Dios.

En cada oficina, fábrica o negocio, el capellán es un testigo de que el Evangelio también ilumina la vida profesional.

Oración final del capítulo

"Señor de toda provisión, gracias por los dones y talentos que nos das para trabajar. Bendice a los empleados y empleadores, y que cada empresa sea un espacio donde tu paz y tu justicia reinen. Fortalece a los capellanes que sirven en lugares de trabajo, para que sean instrumentos de consuelo, sabiduría y esperanza en Cristo Jesús. Amén."

Notas

Capítulo 19
Código de Ética del Capellán Cristiano

19.1 La importancia de la ética en la capellanía

El ministerio de la capellanía no solo exige preparación espiritual y bíblica, sino también **integridad moral y ética cristiana**. El capellán representa a Cristo en contextos de dolor y vulnerabilidad, por lo cual debe conducirse con responsabilidad, prudencia y fidelidad a la Palabra de Dios. El código de ética es una guía que ayuda al capellán a mantener su testimonio, proteger a las personas atendidas y honrar el llamado de Dios.

19.2 Principios básicos del código de ética cristiano

1. **Cristocentrismo**: el capellán debe reflejar el carácter de Cristo en todo momento.
2. **Confidencialidad**: respetar la privacidad de quienes confían en él (Proverbios 11:13).
3. **Respeto a la dignidad humana**: tratar a todos con amor, sin discriminación.
4. **Integridad**: actuar con honestidad y transparencia (Proverbios 10:9).
5. **Compasión**: acompañar con sensibilidad, sin juicios ni condena (Colosenses 3:12).
6. **Servicio desinteresado**: servir sin esperar reconocimiento humano (Marcos 10:45).
7. **Colaboración**: trabajar en unidad con iglesias, instituciones y profesionales.
8. **Límites adecuados**: evitar conductas que puedan ser malinterpretadas o que comprometan el ministerio.
9. **Responsabilidad espiritual**: mantener una vida de oración, estudio bíblico y comunión con Dios.
10. **Obediencia legal y civil**: cumplir con las normativas de las instituciones donde sirve, siempre que no contradigan la fe cristiana (Romanos 13:1).

19.3 Ejemplo práctico

Un paciente en un hospital le confesó a un capellán un pecado personal y pidió consejo. El capellán guardó confidencialidad y lo guió con la Palabra, sin divulgar lo que escuchó. De esta manera protegió al paciente y honró su rol como siervo de Cristo.

19.4 Testimonio ilustrativo

En una empresa, un capellán se negó a aceptar regalos costosos de parte de un empleado agradecido. Explicó: *"El servicio que brindo no tiene precio; lo hago para la gloria de Dios"*. Ese acto de integridad inspiró respeto y confianza en toda la organización.

19.5 Desafíos éticos comunes en la capellanía

- **Mantener confidencialidad** en ambientes donde otros presionan por información.
- **Evitar favoritismos** hacia ciertos grupos o personas.
- **Resistir tentaciones de protagonismo** o manipulación espiritual.
- **Balancear el deber legal** con el compromiso de fe cristiana.

El capellán debe estar siempre consciente de que su testimonio impacta directamente en la percepción del Evangelio.

19.6 Conclusión

El código de ética no es una imposición externa, sino una **expresión de la vida de Cristo en el capellán**. Cada acción, palabra y decisión debe reflejar la santidad y el amor de Dios.

Un capellán fiel a los principios éticos no solo honra a Cristo, sino que también se convierte en un ejemplo de confianza para las instituciones y las personas a las que sirve.

Oración final del capítulo

"Señor de justicia y verdad, ayúdanos a vivir en integridad como tus siervos. Que cada capellán sea fiel reflejo de tu carácter, actuando con amor, compasión y verdad. Líbranos de la tentación, guíanos en tu Palabra y haznos testigos confiables de Cristo en todo lugar. Amén."

Notas

Capítulo 20
Guías Rápidas de Intervención en Crisis

20.1 Introducción

Las crisis llegan de manera inesperada y ponen a las personas en situaciones de gran vulnerabilidad emocional y espiritual. En esos momentos, el capellán debe ser **rápido, sensible y bíblicamente firme**, ofreciendo una presencia de paz y orientación práctica.

Estas guías rápidas son **herramientas básicas** que pueden aplicarse en diferentes contextos.

20.2 Crisis en hospitales (enfermedad grave o muerte inminente)

Pasos rápidos:

1. Escucha activa: deja que la persona o familia exprese su dolor.
2. Presencia silenciosa: muchas veces más poderosa que las palabras.
3. Oración breve y bíblica (Salmo 23, Juan 14:27).
4. Acompañar a la familia en decisiones difíciles.

Ejemplo: un capellán sostuvo la mano de una madre mientras su hijo estaba en cirugía. Solo oró: *"Señor, sé nuestra paz ahora"*. La familia encontró calma en medio de la angustia.

20.3 Crisis en cárceles (culpa, violencia o desesperanza)

Pasos rápidos:

1. Asegura al interno que es escuchado y no juzgado.
2. Comparte una palabra de esperanza (2 Corintios 5:17).
3. Guía una oración de arrepentimiento o fortaleza.
4. Mantén seguimiento pastoral.

Ejemplo: un interno confesó sentirse inútil. El capellán le recordó: *"Si el Hijo te libertare, serás verdaderamente libre"* (Juan 8:36).

20.4 Crisis en escuelas (bullying, ansiedad o depresión)

Pasos rápidos:

1. Escuchar con empatía al estudiante.
2. Asegurarle que no está solo ni olvidado.
3. Compartir una promesa bíblica (Filipenses 4:13).
4. Notificar y trabajar junto a docentes o padres cuando sea necesario.

Ejemplo: un joven expresó deseos de abandonar los estudios. El capellán le recordó: *"Dios tiene planes de bien y no de mal para ti"* (Jeremías 29:11).

20.5 Crisis en cuerpos de seguridad (policías, bomberos, militares)

Pasos rápidos:

1. Reconocer la presión y el sacrificio de su labor.
2. Escuchar el trauma sin interrumpir.
3. Orar por fortaleza y protección (Salmo 91).
4. Animar a buscar consejería profesional si es necesario.

Ejemplo: un bombero devastado tras un rescate fallido escuchó del capellán: *"Hiciste todo lo que estaba en tus manos; el resto está en las manos de Dios"*.

20.6 Crisis en comunidades migrantes (duelo, soledad, incertidumbre legal)

Pasos rápidos:

1. Validar su dolor y reconocer su valentía.
2. Recordarles que Dios siempre acompaña al extranjero (Levítico 19:34).
3. Ofrecer ayuda práctica en recursos comunitarios.
4. Orar por dirección y fortaleza.

Ejemplo: un migrante lloró al escuchar: *"No eres olvidado; Dios camina contigo en esta tierra nueva"*.

20.7 Conclusión

Las crisis no siempre se resuelven en un instante, pero el capellán puede **sembrar paz y esperanza en medio del caos**. Estas guías rápidas permiten actuar con firmeza y sensibilidad, recordando que la verdadera sanidad proviene del Señor.

Oración final del capítulo

"Dios de toda consolación, haznos instrumentos de tu paz en medio de la crisis. Danos palabras sabias, corazones sensibles y fe inquebrantable para acompañar a los que sufren. Que cada intervención sea un reflejo de tu amor y traiga esperanza en Cristo Jesús. Amén."

Notas

Parte III
Herramientas del Capellan Cristiano

Capítulo 21
Textos Bíblicos Clave por Situación

21.1 Hospitales y enfermos

- *"Jehová es mi pastor; nada me faltará"* (Salmo 23:1).
- *"Por sus llagas fuimos nosotros curados"* (Isaías 53:5).
- *"¿Está alguno enfermo entre vosotros? Llame a los ancianos de la iglesia, y oren por él"* (Santiago 5:14).
- *"Venid a mí todos los que estáis trabajados y cargados, y yo os haré descansar"* (Mateo 11:28).

21.2 Cárceles y privados de libertad

- *"Si el Hijo os libertare, seréis verdaderamente libres"* (Juan 8:36).
- *"De cierto te digo que hoy estarás conmigo en el paraíso"* (Lucas 23:43).
- *"De modo que si alguno está en Cristo, nueva criatura es"* (2 Corintios 5:17).
- *"Acuérdense de los presos, como si estuvieran presos con ellos"* (Hebreos 13:3).

21.3 Escuelas y jóvenes

- *"Instruye al niño en su camino, y aun cuando fuere viejo no se apartará de él"* (Proverbios 22:6).
- *"Ninguno tenga en poco tu juventud, sino sé ejemplo"* (1 Timoteo 4:12).
- *"Todo lo puedo en Cristo que me fortalece"* (Filipenses 4:13).
- *"Yo sé los planes que tengo para vosotros"* (Jeremías 29:11).

21.4 Policías, bomberos y militares

- *"Bienaventurados los pacificadores"* (Mateo 5:9).
- *"El que habita al abrigo del Altísimo morará bajo la sombra del Omnipotente"* (Salmo 91:1).
- *"Esforzaos y cobrad ánimo… porque Jehová tu Dios va contigo"* (Deuteronomio 31:6).
- *"Nadie tiene mayor amor que este, que uno ponga su vida por sus amigos"* (Juan 15:13).

21.5 Migrantes y extranjeros

- *"Al extranjero que more con vosotros lo amarás como a ti mismo"* (Levítico 19:34).
- *"Fui forastero, y me recogisteis"* (Mateo 25:35).
- *"No os olvidéis de la hospitalidad, porque por ella algunos hospedaron ángeles"* (Hebreos 13:2).
- *"Ya no sois extranjeros ni advenedizos, sino conciudadanos de los santos"* (Efesios 2:19).

21.6 Empresas y trabajadores

- *"Todo lo que hagáis, hacedlo de corazón, como para el Señor"* (Colosenses 3:23).
- *"El obrero es digno de su salario"* (1 Timoteo 5:18).
- *"La bendición de Jehová es la que enriquece"* (Proverbios 10:22).
- *"Seáis fieles en lo poco, seréis fieles en lo mucho"* (Lucas 16:10).

21.7 Adultos mayores en asilos

- *"Aun en la vejez fructificarán"* (Salmo 92:14).
- *"Corona de honra es la vejez"* (Proverbios 16:31).
- *"No me deseches en el tiempo de la vejez"* (Salmo 71:9).
- *"El Dios eterno es tu refugio"* (Deuteronomio 33:27).

21.8 Ministerios de gobierno y autoridades

- *"Sométase toda persona a las autoridades superiores"* (Romanos 13:1).
- *"Buscad primeramente el reino de Dios y su justicia"* (Mateo 6:33).
- *"Bienaventurados los que tienen hambre y sed de justicia"* (Mateo 5:6).
- *"Y buscarás varones de virtud, temerosos de Dios"* (Éxodo 18:21).

21.9 Conclusión

Estos textos son **llaves espirituales** que permiten al capellán responder con la Palabra en cada situación. La Biblia es el recurso esencial de todo ministerio de capellanía, pues ofrece **esperanza, consuelo y dirección** en cualquier contexto de sufrimiento humano.

Oración final del capítulo

"Señor de la Palabra, gracias porque en cada circunstancia nos das un mensaje de esperanza en la Biblia. Ayuda a los capellanes a recordar y compartir tus promesas en hospitales, cárceles, escuelas, calles y hogares. Que tu Palabra siempre sea luz en medio de la oscuridad. Amén."

Notas

Capítulo 22
Requisitos para ser un Capellán Cristiano

22.1 Llamado espiritual

El primer requisito no es académico ni institucional, sino **espiritual**: un llamado genuino de parte de Dios para servir en contextos de dolor y vulnerabilidad. El capellán es, ante todo, un **siervo de Cristo enviado a consolar y acompañar**.

- *"¿Quién irá por nosotros? Y respondí yo: Heme aquí, envíame a mí"* (Isaías 6:8).

22.2 Madurez cristiana

Un capellán debe ser un creyente con **fe sólida y testimonio íntegro**. Se requiere:

- Vida de oración constante.
- Conocimiento básico de la Biblia.
- Buen testimonio dentro y fuera de la iglesia.
- Fortaleza emocional para enfrentar sufrimiento humano.

22.3 Formación académica y pastoral

Aunque el llamado es fundamental, el ministerio también exige **preparación**. Entre los requisitos recomendados están:

- Estudios en teología, pastoral o consejería cristiana.
- Cursos de capellanía ofrecidos por iglesias, seminarios o asociaciones cristianas.
- Capacitación en primeros auxilios emocionales y escucha activa.
- Conocimiento de protocolos básicos en hospitales, cárceles u organismos públicos.

22.4 Habilidades personales y ministeriales

El capellán necesita desarrollar:

- **Empatía y sensibilidad** para acompañar en el dolor.
- **Comunicación clara y respetuosa.**
- **Capacidad de trabajar en equipo** con profesionales de otras áreas.
- **Resiliencia personal**, para no cargarse en exceso con los problemas de los demás.
- **Adaptabilidad**, para ministrar en diversos contextos (hospitales, cárceles, escuelas, etc.).

22.5 Requisitos éticos y morales

- Guardar **confidencialidad** de la información recibida.
- No manipular espiritualmente ni buscar beneficios personales.
- Respetar la dignidad humana sin importar creencias, origen o condición social.
- Ser ejemplo de integridad en su vida personal y ministerial.

22.6 Reconocimiento y credenciales

En muchos países, para servir oficialmente como capellán es necesario:

- Estar **respaldado por una iglesia local** o denominación cristiana.
- Obtener una **credencial de capellán** emitida por un ministerio, seminario o asociación cristiana de capellanía.
- En algunos casos, registrarse ante **autoridades civiles o instituciones específicas** (hospitales, cárceles, ejército, etc.).

22.7 Conclusión

Ser capellán no es solo un título ni una función, es un **llamado de Dios al servicio sacrificial**. Los requisitos no buscan excluir, sino asegurar que quienes sirven en este ministerio lo hagan con amor, preparación y fidelidad al Señor.

Un capellán preparado espiritualmente, académicamente y éticamente será un instrumento poderoso de consuelo y esperanza en manos de Dios.

Oración final del capítulo

"Señor de la mies, levanta capellanes fieles a tu Palabra, hombres y mujeres que sirvan con amor, sabiduría y humildad. Danos corazones sensibles, mentes preparadas y vidas íntegras para reflejar a Cristo en cada hospital, cárcel, escuela y comunidad. Amén."

Notas

Capítulo 23
Principios que guían al Capellán Cristiano

23.1 Introducción

El ministerio de la capellanía requiere más que conocimiento y credenciales; necesita **principios espirituales y prácticos** que sirvan de brújula. Estos principios aseguran que el capellán refleje fielmente a Cristo en cada contexto y mantenga un testimonio íntegro frente a quienes sirve.

23.2 Principio de la Presencia

La mayor herramienta de un capellán es **estar allí**. Muchas veces no se necesitan largas prédicas, sino la **presencia silenciosa** que transmite paz y esperanza.

- *"El Señor está cerca de los quebrantados de corazón"* (Salmo 34:18).

23.3 Principio de la Confidencialidad

El capellán guarda en secreto lo que escucha en consejería o acompañamiento. La confianza se gana con **discreción y respeto**.

- *"El que anda en chismes descubre el secreto; mas el de espíritu fiel lo guarda todo"* (Proverbios 11:13).

23.4 Principio de la Neutralidad

El capellán no debe tomar partido en conflictos políticos, denominacionales o laborales. Su labor es **representar a Cristo**, no ideologías humanas.

23.5 Principio de la Dignidad Humana

Cada persona, sin importar su condición, merece respeto y amor.

El capellán honra la **imagen de Dios** en cada ser humano.
- *"Honrad a todos, amad a los hermanos, temed a Dios"* (1 Pedro 2:17).

23.6 Principio de la Compasión

El capellán se acerca con un corazón sensible, **llorando con los que lloran y alegrándose con los que se alegran**.

- *"Vestíos de entrañable misericordia, de benignidad, de humildad, de mansedumbre, de paciencia"* (Colosenses 3:12).

23.7 Principio de la Integridad

Su vida personal debe ser coherente con el Evangelio que proclama. No puede ser una cosa en público y otra en privado.

- *"El justo anda en su integridad"* (Proverbios 20:7).

23.8 Principio de la Oración y Dependencia de Dios

El capellán no confía en sus propias fuerzas, sino en la dirección del Espíritu Santo. Antes de actuar, ora. Antes de aconsejar, busca en la Palabra.

- *"Orad sin cesar"* (1 Tesalonicenses 5:17).

23.9 Principio del Servicio Desinteresado

El ministerio de la capellanía no busca reconocimiento ni recompensa humana. Es un servicio de amor y entrega.

- *"Porque el Hijo del Hombre no vino para ser servido, sino para servir"* (Marcos 10:45).

23.10 Conclusión

Los principios que guían al capellán no son normas externas, sino **expresiones del carácter de Cristo** en su vida. Al aplicarlos, el capellán se convierte en un canal de consuelo, justicia y esperanza en cada institución donde sirve.

Oración final del capítulo

"Señor Jesús, modelo perfecto de servicio, enséñanos a vivir conforme a tus principios. Haz que cada capellán sea presencia de tu amor, guardián de la verdad y testimonio de tu gracia. Que nuestras vidas reflejen siempre tu carácter en todo lugar. Amén."

Notas

Capítulo 24
Certificación y Credenciales del Capellán Cristiano

24.1 Introducción

El ministerio de capellanía, aunque nace de un llamado espiritual, también requiere **reconocimiento formal** para servir en hospitales, cárceles, escuelas, cuerpos de seguridad, empresas y organismos gubernamentales. La certificación y las credenciales permiten que el capellán ejerza su labor con respaldo, legitimidad y acceso institucional.

24.2 Importancia de la certificación

- Brinda **validez oficial** al ministerio del capellán.
- Abre puertas en **instituciones públicas y privadas**.
- Garantiza que el capellán tiene **formación y preparación adecuada**.
- Protege tanto al capellán como a la institución frente a posibles malentendidos.

24.3 Requisitos comunes para certificación

Aunque varían según el país y la institución, en general se requiere:

1. Ser **miembro activo de una iglesia cristiana**.
2. Presentar **carta de recomendación pastoral**.
3. Contar con **formación en teología, consejería o capellanía**.
4. Aprobar un **curso o diplomado de capellanía** en un seminario o asociación reconocida.
5. Comprometerse a seguir un **código de ética cristiano**.

24.4 Credenciales del capellán

Una vez certificado, el capellán recibe:

- **Diploma o certificado** que acredita su formación.
- **Carné o credencial oficial**, con foto, sello y firma de la entidad certificadora.
- En algunos países, un **registro institucional o civil** que lo autoriza a ejercer.

Estas credenciales deben renovarse periódicamente según la organización que las emite.

24.5 Ejemplo práctico

Un hospital solicitó a un capellán mostrar su credencial para poder acceder a un área restringida. Gracias a su certificación, pudo acompañar a un paciente en estado crítico y orar con su familia.

24.6 Testimonio ilustrativo

Un capellán compartió: *"Durante años serví sin credenciales, pero con ellas pude entrar a cárceles, estaciones de policía y bases militares donde antes no tenía acceso. Ahora mi ministerio tiene mayor alcance".*

24.7 Desafíos en la certificación
- Diferencias en los requisitos entre países.
- Proliferación de instituciones no serias que ofrecen certificación sin preparación real.
- El riesgo de enfocarse solo en el "título" y olvidar el llamado espiritual.

El capellán debe buscar siempre certificarse con **organismos serios y reconocidos**, sin perder de vista que la **autoridad mayor proviene de Dios**.

24.8 Conclusión

La certificación y las credenciales no hacen al capellán, pero le permiten **ejercer con respaldo y acceso pleno** a los lugares donde Dios lo envía. El equilibrio perfecto es: **un corazón llamado por Dios y un reconocimiento oficial que abre puertas al servicio**.

Oración final del capítulo

"Señor que nos llamas y nos envías, gracias por abrir puertas para que tu Evangelio llegue a hospitales, cárceles, escuelas y oficinas. Bendice a cada capellán que busca certificarse, y guíalo para hacerlo con seriedad e integridad. Que las credenciales no sean un fin, sino una herramienta para servirte mejor. Amén."

Notas

Capítulo 25
Red de Contactos Interinstitucionales

25.1 Introducción

El capellán cristiano no trabaja solo. Su ministerio se fortalece cuando establece **alianzas estratégicas con instituciones públicas, privadas y eclesiales** que le permiten brindar apoyo integral. Una red de contactos confiable es clave para ofrecer soluciones rápidas en situaciones de crisis.

25.2 Tipos de contactos estratégicos

a) Instituciones de salud

- Hospitales y clínicas locales.
- Ambulancias y primeros auxilios.
- Centros de salud comunitarios.
- Teléfonos de emergencias médicas.

b) Seguridad y orden public

- Policía nacional.
- Bomberos y rescatistas.
- Defensa civil o protección civil.
- Autoridades de tránsito y transporte.

c) Apoyo social y comunitario

- Iglesias cristianas locales.
- Bancos de alimentos.
- Refugios para migrantes o desplazados.
- Centros de rehabilitación de drogas.
- Hogares de cuidado para adultos mayores.

d) Autoridades de gobierno

- Ministerios de salud, educación y gobierno.
- Defensorías o procuradurías de derechos humanos.
- Oficinas municipales.

e) Recursos espirituales

- Redes de pastores y asociaciones de iglesias.
- Consejeros cristianos certificados.
- Organizaciones misioneras y de ayuda humanitaria.

25.3 Ejemplo práctico de uso de la red

Un capellán en una cárcel atendió a un interno con una crisis de salud mental. Gracias a su red de contactos, pudo gestionar rápidamente la intervención de un hospital cercano y al mismo tiempo contactar a una iglesia local para apoyar a la familia del detenido.

25.4 Testimonio ilustrativo

En un asilo, una capellana relató: *"No podía atender sola a una residente en crisis. Llamé a un contacto médico y a una hermana de la iglesia. En minutos, estábamos trabajando juntos como cuerpo de Cristo"*.

25.5 Modelo de directorio básico (ejemplo Panamá)

Emergencias Generales – 911
Policía Nacional – 104
Bomberos – 103
SINAPROC (Protección Civil) – 520-4429
Hospital Santo Tomás – (507) 507-5600
aja de Seguro Social (CSS) – (507) 503-2700
Cruz Roja Panameña – (507) 228-2187
Instituto de Medicina Legal – (507) 225-8472
Ministerio de Desarrollo Social (MIDES) – 800-7070
Ministerio de Educación (MEDUCA) – (507) 511-4400
Ministerio de Salud (MINSA) – 512-9100
Red Ecuménica y de Iglesias Cristianas locales

25.6 Desafíos en la construcción de la red

- Mantener los contactos **actualizados**.
- Coordinar con instituciones que a veces tienen **burocracia lenta**.
- Equilibrar la ayuda práctica con la **prioridad espiritual del capellán**.

25.7 Conclusión

Una red de contactos sólida es una herramienta vital para todo capellán cristiano. Permite responder con rapidez a necesidades físicas y sociales, mientras se brinda apoyo espiritual.

El capellán es **puente entre la fe y los recursos comunitarios**, mostrando que el Evangelio también se expresa en obras concretas de amor y servicio.

Notas

Capítulo 26
El Autocuidado Espiritual del Capellán

1. Introducción

El capellán está constantemente expuesto a realidades de dolor, sufrimiento, crisis y muerte. Este contacto intenso con el sufrimiento humano puede llevar a la fatiga por compasión, al desgaste espiritual y al cansancio emocional. Por ello, el autocuidado espiritual no es un lujo ni una opción, sino una necesidad vital para sostener la vocación y el ministerio.

2. Fundamentos bíblicos del autocuidado

- Jesús mismo buscaba momentos de retiro y oración: *"Mas él se apartaba a lugares desiertos, y oraba"* (Lucas 5:16).
- El profeta Elías, agotado después de su ministerio en el Carmelo, necesitó descanso, alimento y renovación espiritual (1 Reyes 19:4–8).
- El apóstol Pablo enseñó la importancia de fortalecer el "hombre interior" (Efesios 3:16).

La Palabra nos recuerda que no podemos dar lo que no tenemos; debemos ser llenos de la gracia de Dios para derramarla en otros.

3. Prácticas esenciales de autocuidado espiritual

a) Vida de oración constante

- Dedicar tiempo diario a la comunión con Dios.
- Practicar la oración intercesora, pero también la oración personal de descanso y silencio en la presencia divina.

b) Estudio y meditación bíblica

- Leer la Palabra no solo para enseñar, sino para nutrir la vida espiritual.
- Practicar la *lectio divina* o la meditación personal de los textos bíblicos.

c) Vida comunitaria

- No aislarse: participar activamente en una iglesia local o comunidad de fe.
- Buscar acompañamiento pastoral o consejería espiritual.

d) Descanso y recreación

- Respetar tiempos de descanso físico y mental.
- Practicar hobbies sanos que renueven la creatividad y reduzcan el estrés.

e) Supervisión pastoral y acompañamiento

- Contar con un mentor o supervisor espiritual que pueda escuchar y orientar.
- Participar en encuentros de formación y actualización en capellanía.

f) Salud integral

- Mantener hábitos saludables de alimentación, ejercicio y sueño.
- Reconocer cuándo es necesario buscar ayuda psicológica o médica.

4. Señales de alerta de desgaste espiritual

- Sentirse vacío o distante de Dios.
- Desmotivación en el servicio pastoral.
- Irritabilidad o impaciencia constante.
- Pérdida de empatía hacia las personas acompañadas.
- Negligencia en la vida de oración y lectura bíblica.

Reconocer estas señales a tiempo permite buscar ayuda antes de caer en el agotamiento espiritual.

5. Conclusión

El capellán no es un "superhombre" o "supermujer": es un siervo de Dios que también necesita cuidado, renovación y alimento espiritual. El autocuidado no es egoísmo, sino obediencia al llamado de Jesús: *"Amarás a tu prójimo como a ti mismo"* (Marcos 12:31).

Un capellán que cuida su alma podrá servir con mayor frescura, sensibilidad y fidelidad al ministerio que el Señor le ha confiado.

Examen General – Manual Cristiano de Capellanía
Sección I – Selección Múltiple (elige la respuesta correcta)

1. La **importancia del capellán cristiano** se fundamenta en:

   a) Brindar entretenimiento en las instituciones.
   b) Acompañar en contextos de sufrimiento y esperanza.
   c) Su autoridad jerárquica sobre pastores y líderes.
   d) Su capacidad de administrar instituciones.

2. El principio de la **presencia** en la capellanía significa:

   a) Siempre predicar con palabras largas.
   b) Imponer la fe al entorno.
   c) Estar presente como reflejo del consuelo de Cristo.
   d) Ejercer autoridad sobre el ambiente.

3. Un rol clave del capellán en la policía es:

   a) Dirigir entrenamientos tácticos.
   b) Promover valores de justicia e integridad.
   c) Supervisar la disciplina del cuerpo policial.
   d) Investigar casos internos.

4. ¿Qué enseña la Biblia sobre la vejez?:
   a) Es una etapa sin valor ministerial.
   b) Es un castigo por el pecado.
   c) Es una corona de honra en el camino de justicia.
   d) Es un tiempo de retiro espiritual obligatorio.

5. La certificación y credenciales de un capellán sirven
   para:

   a) Imponer autoridad sobre iglesias locales.
   b) Obtener reconocimiento social.
   c) Dar acceso legítimo a instituciones y respaldo oficial al
   ministerio.
   d) Reemplazar el llamado espiritual de Dios.

Sección II – Preguntas de desarrollo breve

6. Explica con tus propias palabras el **principio de la
   confidencialidad** en la capellanía.
7. Menciona tres desafíos que enfrenta el capellán en
   comunidades migrantes.
8. Según el Capítulo 18, ¿cómo puede un capellán cristiano
   influir positivamente en el ámbito empresarial?
9. ¿Qué diferencia hay entre **el llamado espiritual** y la
   certificación oficial de un capellán?
10. Cita un texto bíblico que usarías en una visita a un
    hospital y explica por qué.

Sección III – Preguntas de reflexión pastoral

11. Si un policía te dice: *"Ya no soporto el peso de mi
    trabajo"*, ¿cómo lo acompañarías como capellán?
12. Como capellán en un asilo, un anciano te confiesa: *"Me
    siento olvidado"*. ¿Qué le responderías y qué acción
    pastoral tomarías?
13. Imagina que eres capellán en una empresa donde fallece
    un trabajador en un accidente laboral. ¿Cómo
    intervendrías con los compañeros y la familia?
14. ¿Qué principios aplicarías para mantener tu **testimonio
    cristiano** en un ambiente gubernamental politizado?
15. ¿Cuál consideras que es el mayor desafío actual para la
    capellanía cristiana, y cómo lo enfrentarías?

Este examen está diseñado para:

- Evaluar **conocimiento bíblico y práctico**.
- Medir **comprensión de principios éticos y pastorales**.
- Estimular la **reflexión personal y pastoral** en escenarios reales.
- Actualizar **Red de Contactos Interinstitucionales de acuerdo a su país.**

Epílogo

La capellanía cristiana es una extensión viva del ministerio de Cristo: estar presente en el dolor, consolar al quebrantado y llevar esperanza donde parece no existir.

Este manual ha sido concebido como una guía práctica y espiritual para servir en diversos contextos hospitales, cárceles, escuelas, comunidades y más con un mismo propósito: *manifestar la gracia de Dios en la vida diaria.*

Aunque el camino del capellán implica desafíos, también es profundamente bendecido, pues en cada encuentro Dios obra por medio de su siervo para transformar vidas.

El futuro de la capellanía depende de hombres y mujeres dispuestos a servir con fe, humildad y compasión. Este recurso es solo el comienzo.

Para una formación más completa y un desarrollo integral del ministerio, se recomienda estudiar y aplicar las siguientes obras complementarias: Equipados para Discipular, Equipados para Evangelizar, Equipados para Consejería y el devocional Equipado Cada Día, que fortalecerán la vida espiritual, el servicio y la efectividad ministerial.

Concluimos con las palabras del apóstol Pablo: "Pero gracias a Dios, que en Cristo siempre nos lleva en triunfo, y por medio de nosotros manifiesta en todo lugar el olor de su conocimiento. Porque para Dios somos grato olor de Cristo..." (2 Cor. 2:14–15).

Que cada capellán sea ese grato olor de Cristo, reflejando Su presencia, amor y esperanza en el mundo.

Bibliografía

- American Psychiatric Association. (2013). *Diagnostic and statistical manual of mental disorders* (5.ª ed.). American Psychiatric Publishing.
- Doehring, C. (2015). *The practice of pastoral care: A postmodern approach* (2.ª ed.). Westminster John Knox Press.
- Edwards, T. (2015). *Spiritual care: A guide for caregivers*. Fortress Press.
- Hall, T. W. (2004). *Spiritual transformation inventory: A guide for assessing and developing your spiritual life*. Fuller Seminary Press.
- Koenig, H. G. (2012). *Religion, spirituality, and health: The research and clinical implications*. ISRN Psychiatry, 2012, 1–33. https://doi.org/10.5402/2012/278730
- McMinn, M. R., & Campbell, C. D. (2007). *Integrative psychotherapy: Toward a comprehensive Christian approach*. InterVarsity Press.
- Nouwen, H. J. M. (1979). *The wounded healer: Ministry in contemporary society*. Image Books.
- Oden, T. C. (1983). *Pastoral theology: Essentials of ministry*. HarperCollins.
- Pargament, K. I. (2007). *Spiritually integrated psychotherapy: Understanding and addressing the sacred*. Guilford Press.
- Peterson, E. H. (2011). *The pastor: A memoir*. HarperOne.
- Swinton, J., & Mowat, H. (2016). *Practical theology and qualitative research* (2.ª ed.). SCM Press.
- Wright, N. T. (2016). *After you believe: Why Christian character matters*. HarperOne.

CERTIFICADO DE FINALIZACIÓN

Nota:

Utilice su dispositivo móvil para escanear este código QR, que le redirigirá al documento plantilla para imprimir el certificado de finalización.